Sirpa Masalin · Hans-Ulrich Goller
Wege sind beschrieben
Tiesi on määrätty

SIRPA MASALIN

WEGE SIND BESCHRIEBEN
TIESI ON MÄÄRÄTTY

GEDICHTE FINNISCH – DEUTSCH
RUNOJA SUOMI – SASKA

MIT FOTOGRAFIEN VON HANS-ULRICH GOLLER

HEINER LABONDE VERLAG

© Buchausgabe:
Heiner Labonde Verlag, Grevenbroich 2007
www.labonde-verlag.de
ISBN 978-3-937507-11-8

© Texte: Sirpa Masalin
© Fotos: Hans-Ulrich Goller

Gestaltung: Antje Zerressen · Pada ri Werbeagentur GmbH, Essen
Printed in Germany

Puut

Pimeyden varjoissa
tanssivat mahtavat puut.

Hiljaa
ja kovaa huokailevat aikojen tarinaa.

Siellä ne olivat jo aina.

Syvemmälle ja syvemmälle,
askel askeleelta
kaipasin metsän sisimpään.

Se tanssi ja huokaili
etsivän sieluni ympärillä.
Piilotti valtaansa,
hyväksyi minut sellaisena kuin olen.

Rikkaita ovat puiden lapset.
Onnellisia sukulaisensa.

Vaalikaa ja arvostakaa
sanattomia maailman kaikkeuden valtiaita.

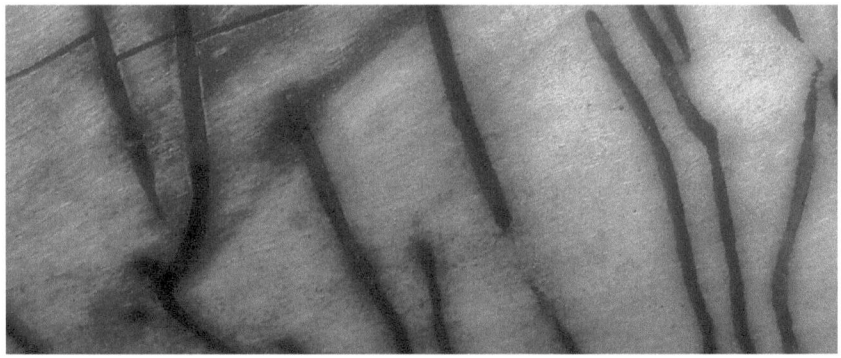

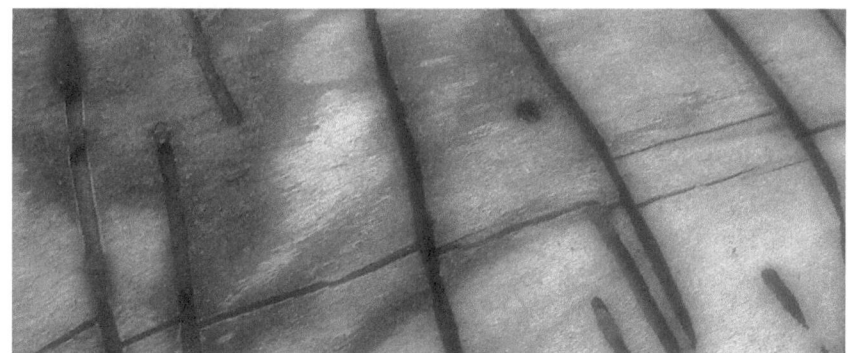

Bäume

Im Schatten der Dunkelheit
tanzen mächtige Wälder.

Leise
und laut hauchen sie die Geschichte der Zeiten.

Da standen sie schon immer.

Tiefer und tiefer,
Schritt für Schritt
sehnte ich mich in sie hinein.

Sie hauchten und tanzten
um meine suchende Seele herum.
Verbargen sie in ihrer Macht,
nahmen mich wie ich bin.

Reich sind die Kinder der Bäume.
Glückselig die ihnen Verwandten.

Achtet und verehrt sie,
die wortlosen Weisen des Universums.

Nainen	Eine Frau
7.9.1971, kello 14:20	7.9.1971, 14 Uhr 20
52 cm, 3800 g	52 cm, 3800 g
siniset silmät, vaaleat hiukset,	blaue Augen, blonde Haare,
tyttö.	ein Mädchen.
Tarhassa, onni ja nauru.	Kindergarten, Glück und Lachen.
Koulussa, stressi ja kiusattu tyttö.	Schule, Stress und gehänseltes Mädchen.
Tehdastyö, ikävystyttävää	Fabrikarbeit, Langeweile
ja yksinkertaista.	und Leichtsinn.
Mikä minusta tulee?	Was will ich sein?
Nanny in a German family.	Nanny in a German family.
Ovatko ihmiset tälläisiä?	Sind Menschen so?
Mikä minusta tulee?	Was will ich sein?
Naimisiin.	Heiraten.
Ammatti.	Ausbildung.
Töihin.	Arbeiten.
Lapsi.	Kind.
Avioero.	Scheidung.
Mikä minusta tulee?	Was will ich sein?
Syvä vapauden tyhjyys.	Tiefe Leere der Befreiung.
En se ollut minä.	Das war ich nicht.
Kielletty rakkaus.	Verbotene Liebe.
Etsin itseäni.	Suche nach mir.
Metsät niin läheisiä.	Wälder so nah.
Taidetta.	Kunst.
Sitä minä haluan ja rakastaa.	Das will ich sein und ich will lieben.
Tänään tiedän mikä minusta tulee.	Heute bin ich groß geworden.
168 cm, 72 kg	168 cm, 72 kg
siniset silmät, vaaleita raitoja.	blaue Augen, Strähnen.
Olen nainen.	Eine Frau.

Vanha ystävä

Lohduttavia sanoja,
tuttu ääni,
vanha ystäväni.

Ikäänkuin
unohtunut pysäytetty hetki.

Ihana,
että olet olemassa,
matkalla sinne,
minne aina halusimme.

Missä se sitten lieneekään.

Alte Freundin

Verständnisvolle Worte,
vertraute Stimme,
meine alte Freundin.

Wie eine vergessene,
stillgelegte Weile.

Schön,
dass es dich gibt,
auf der Reise dahin,
wohin wir schon immer wollten.

Wo es auch sein mag.

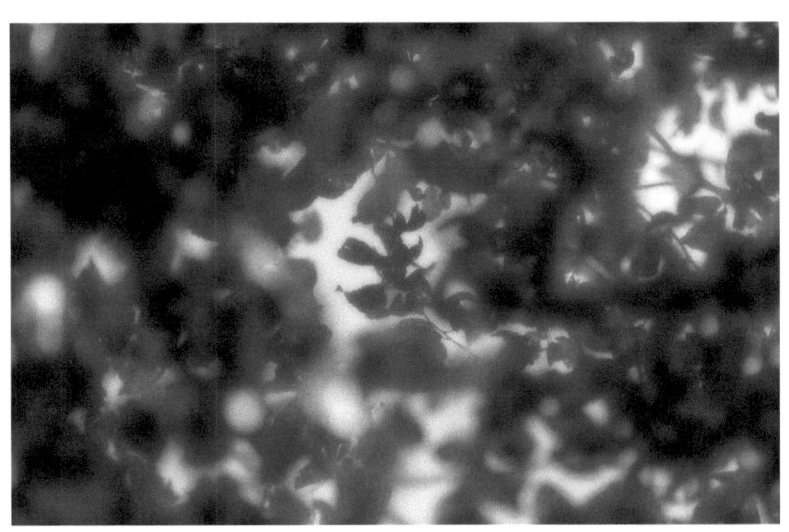

Ihmisen elämä

Ihmisen elämä on kuin puun lehti.
Lehti, joka tanssii ja heiluu tuulen tahdissa.

Näyttäytyy huonoilta ja hyviltä
puoliltaan.

Välillä putoaa kokonainen lehti
ja kuolee.

Noin vain.

Ilman mahdollisuutta kysyä,
miksi juuri tämä lehti?

Das Leben eines Menschen

Das Leben eines Menschen ist wie ein Blatt.
Ein Blatt das sich wendet und weht nach dem Wind.

Es zeigt sich von seinen schlechten
wie seinen guten Seiten.

Manchmal fällt ein ganzes Blatt ab
und stirbt.

Einfach so.

Ohne eine Möglichkeit
zu fragen,
warum gerade dieses Blatt.

Tuntematon

Kuun loistavassa paisteessa
helliä pilviä.

Silittäen lipuvat
siluetissä maailman kaikkeuden.

Sinne,
missä
tuntematon alkaa
tunnen kaipuuta.

Das Unbekannte

Im hellen Schein des Mondes
liebliche Wolken.

Streichelnd vorbeiziehend
an der Silhouette des Universums.

Dorthin,
wo das Unbekannte
beginnt,
sehne ich mich.

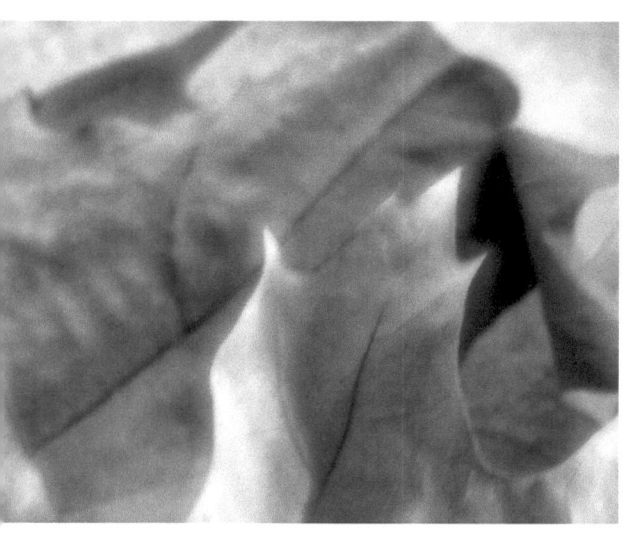

Rakkaudelle

Kun sydämesi pysähtyy
hänet nähdessäsi,

pilvet jähmettyvät
syleilynsä onnesta,

kun tuuli puiden lehdet
pysäyttää,
rakkaudelle.

Der Liebe wegen

Wenn dein Herz
bei seinem Anblick stehen bleibt,

Wolken verharren
vor deiner Freude in seinem Arm,

wenn der Wind
in den Baumblättern innehält,

der Liebe wegen.

Onni

On onni,
että olet olemassa.

Onni,
maamme päällä.

Onni,
tyytyväinen elämä
asuu sydämessäni.

Onni.

Glück

Ein Glück,
dass es Dich gibt.

Ein Glück,
auf unserem Stück Erde.

Ein Glück,
zufriedenes Leben
wohnt in meinem Herzen.

Glück.

Unelma

Lyhyt on saamamme aika.

Elämässä tarjoutuvat
mahdollisuudet
kaikkialla
niin monia.

Elän toteutuneessa
unelmassa,
omaa elämääni.

Täällä ja nyt.

Ein Traum

Kurz ist die gegebene Zeit.

Und doch Möglichkeiten
des Lebens,
allgegenwärtig,
so vieles.

Ich lebe in einem
wahr gewordenen Traum,
mein Leben.

Hier und jetzt.

Yhtä

Sinun lämpimässä ihossasi
tunnen sielujemme vahvuuden,
rauhallisesti leväten
rakkauden hiljaisessa vallassa.

Jylläten kätkettynä
alitajunnassamme.

Yhtenä.

Eins

In der Wärme deiner Haut
spüre ich die Kraft unserer Seelen,
ruhig fließend
in stiller Macht der Liebe.

Verborgen rauschend
im Unterbewussten.

Eins.

Ihanaa

On ihanaa olla osa tätä maailman
kaikkeutta.

Hyväillä puita,
sukeltaa järviin,
laskea päänsä pehmeille vihreille
ruohikoille.

Tuntea loputtomia pieniä syitä
onnellisuuteen.

Avata silmät,
kuunnella,

nauttia hetkistä.

Nyt.

Es ist wunderschön

Es ist wunderschön
ein Teil dieses Universums zu sein.

Die Bäume zu liebkosen,
in die Seen einzutauchen,
den Kopf auf weiche
grüne Wiesen zu legen.

Zahllose kleine Gründe
Glück zu empfinden.

Die Augen zu öffnen,
hin zu hören,

Momente zu genießen.

Jetzt.

Tämän maailman siivet

Tämän maailman siivet
kannattelevat minua,
kevyesti kuin höyhentä,
raskaasti kuin kiveä.

Tämä maailma,
tuudittaa sieluani.

Flügel dieser Welt

Auf den Flügeln
dieser Welt
werde ich getragen,
leicht wie eine Feder,
schwer wie ein Stein.

Diese Welt,
sie bettet meine Seele.

Holzwiesen

Tiesitkö että
olimme odotettuja?

Kymmenien vuosien
tuntematon toivotti
meidät tervetulleeksi,
eilen.

Olimme saapuneet
tuntemattomaan,
nähdäksemme luodun tarkoituksen
toisissamme.

Kukaan ei voinut aavistaa.
Että kaikki,
kaikki luotu oli tarkoitettu meille.

Holzwiesen

Wusstest du,
dass man auf uns gewartet hat?

Unbekannte Vergangenheit
hieß uns willkommen,
gestern.

Wir waren angekommen
in Fremde,
und spürten die Bestimmung
der Schöpfung für uns.

Nur sie wussten es nicht.
Alles was getan war,
wurde für uns erschaffen.

Elän

Sisimpääni
virtaa kuun voima.

Juokse suonissani veri,
lyö rinnassani sydän,
hengitä ilmaa
onnesta humaltuneiden.

Olen elossa.

Ich lebe

Kraft aus dem Monde
ins innerste Ich.

Fließe mein Blut in den Adern,
schlage mein Herz in der Brust,
atme die Luft
der vom Glücke Betörten.

Ja, ich lebe.

Olemisen valo

Välillä
öiden ollessa pimeämpiä
kuin mustin musta
ajaa kuunvalo takaa ajatuksiani.

Syntymästäni
lapsuuteni läpi seuraan olemiseni
valoa.

Jonakin päivänä
se tulee pysähtymään
ja antaa minulle rauhan.
Kirkkaasti valaistuna.

Licht des Seins

Manchmal,
wenn die Nächte dunkler sind
als tiefstes Schwarz,
werden meine Gedanken
vom Mondschein verfolgt.

Von meiner Geburt,
durch die Kindheit geführt,
folge ich dem Licht des Seins.

Eines Tages wird es
stehen bleiben und
mich ruhen lassen.
Hell erleuchtet.

Oma itseni

Kun minäni huutaa
minua.

Aika hävinnyt vaaoissa.

Vainuva hiekkakello,
ajatukset täynnä unelmia.

Se tulee täyttymään,
tunnen kohtaloni.
En anna periksi,
elän sille.

Mein Ich

Wenn mein Ich
nach Ich schreit.

Die Zeit in Waage
verloren.

Lauernde Sanduhr,
Gedanken voller Träume.

Es wird sich erfüllen,
ich spüre mein Schicksal.
Gebe nicht nach,
lebe dafür.

Sinun kanssasi

Minä näen kiviä.

Kukkien terät kurottelevat
edessäni.

Havupuiden käpyjä.

Kuinka ihanaa onkaan ruoho.

Silmäni avautuneina
todelliseen onneen.

Tunnen sen yksinkin,
mutta sinun kanssasi,
lähestyy sydämeni
kuvaamatonta onnea.

Mit dir

Ich sehe Steine.

Blüten breiten sich
vor meinen Augen.

Tannenzapfen.

Wie schön ist das Gras.

Meine Augen geöffnet
für das wahre Glück.

Ich spüre es auch allein,
doch mit dir
ist das Unbeschreibliche
nah meinem Herzen.

Hetki

Loistavat auringon
säteet hyväilevät lehtisiä.

Kuuletko tuulen
vanhojen aikojen muureissa?

Hiljaa ...

Puiden juurissa
loputon voima,
tuuditettu maailman ajoissa.

Kuuntele ...

Augenblick

Strahlende Sonne
die Blätter liebkost.

Hörst du den Wind
in den Gemäuern der Zeiten?

Still ...

In den Wurzeln
des Baumes
unendliche Kraft,
in Gezeiten der Erde gewogen.

Lausche nur ...

Vehreät puut

Vehreät puut
tanssivat ilta auringossa,

liikkuvat tuulen
tahdittamina,

taipuen,
venytellen,

antautuvat lopulta.

Oi puut,
luontojen voima,
kaikkeuden kuva,

antakaa minulle voimanne,
syleilen teitä.

Saftige Bäume

Saftige Bäume
tanzen in Abendsonne,

schmiegen sich
in Rhythmen des Windes,

biegen sich,
strecken sich,

ergeben sich endlich.

Bäume,
Kraft der Natur,
Ausdruck des Ganzen,

gebt mir Eure Kraft,
ich umarme Euch.

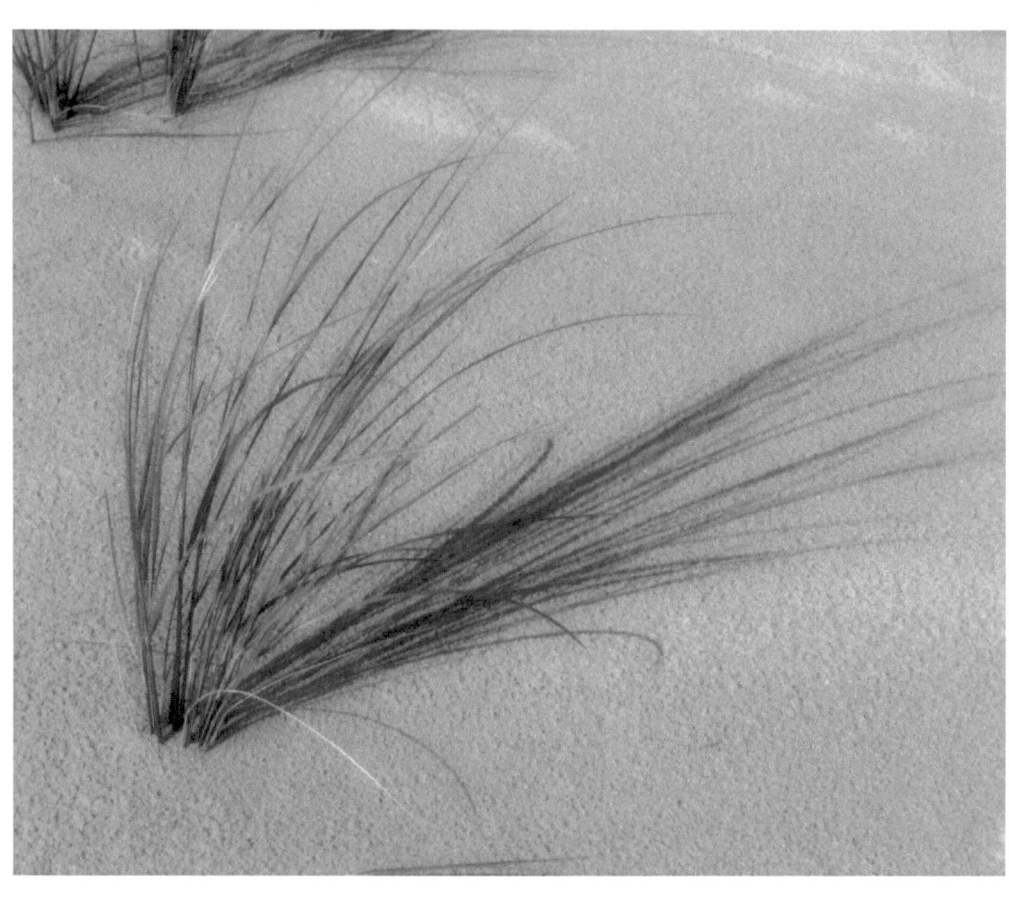

Hiekanjyviä

Raskaita aikoja ihmisten.

Miehen korkuisia kiviä,
niin kova sydämesi,
hankalia kompromisseja.

Myrsky tulee laantumaan,
hiekan jyvät liukumaan toisiinsa,
hellästi.

Sandkörner

Schwere Zeiten der Lebenden.

Menschenhohe Steine,
so hart dein Herz,
mühsame Kompromisse.

Sturm wird sich legen,
Sandkörner sich schmiegen,
sanft ineinander finden.

Schlangen sich bewegender Lichter

Schlangen sich bewegender Lichter.
Vielleicht die von damals?
Sehnsucht in meinem Innersten
wie quälende Zangen.

Einsamkeit,
damals.

Eben seh ich sie wieder.
Rasend auf der Brücke,
Lichter.

Valojen liikkuvat käärmeet

Valojen liikkuvat käärmeet.
Ehkä ne menneisyydestä?
Ikävöinti sisimmässäni
kuin kiduttavat pihdit.

Yksinäisyys,
menneisyys.

Geborgenheit fühle ich,
Glück in meiner Seele,
furchtlos.

Näin ne juuri taas.
Hurjastellen sillalla,
valoja.

Liebende,
umhüllt von deinen Geräuschen.

Gebettete Seele in Ruhe.
Heute.

Tunsin turvallisuutta,
onnen sielussani,
pelotta.

Rakastava,
sinun ääntesi ympäröimänä.

Tuuditettu sielu rauhassa.
Tänään.

Olla

Oman maailmani
pienimmissä sopukoissa
tarvitsen aikaa.

Luonnon hiljaisuutta.
Laineiden liplatusta
ja tulen tanssia.

Oman maailmani
syleilyssä

Olla.

Sein

In den kleinsten
inneren Winkeln meiner Welt
brauche ich Zeit.

Ruhe der Natur.
Plätschern der Wellen
und Tanz des Feuers.

In den Armen
meiner eigenen Welt

Sein.

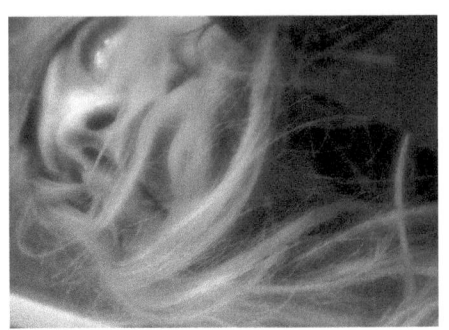

Itsetunnustus

Olen vahva.

Olen loistava.

Olen naisellisen aistikas ja tihkun seksiä.

Uhkun itsevarmuutta.

Mikään ei minua vavahduta.

Häviöt opettavat minua vain.

Uskon itseeni ja

luotan sisimpääni.

Olen nainen.

Olen niin heikko.

Selbsterkenntnis

Ich bin stark.

Ich bin großartig.

Ich bin weiblich und triefe vor Sex.

Ich strotze vor Selbstbewusstsein.

Nichts kann mich erschüttern.

Niederlagen lehren mich.

Ich glaube an mich.

Vertraue in meine Seele.

Ich bin eine Frau.

Ich bin soo schwach.

Rauha on tuleva

Kohtalon varjoissa
jakautuneita ajatuksia.

Lapsuuden unelmia
jälleen heränneenä.

Aika ei ole vastaus.
Päätöksen valta.

Ota onnesi käsiisi,
vahvasti.

Kuljeta sydämesi
myrskyn läpi,

rauha on tuleva.

Stille wird kommen

Im Schatten des Schicksals
zwiespältige Gedanken.

Träume der Kindheit
wieder erwacht.

Zeit ist keine Lösung.
Entscheidungsmacht.

Nimm das Glück
fest in deine Hand.

Führe dein Herz
durch den Sturm.

Stille wird kommen.

Uskomattomia tunteita

Minä,
minä olen onnellisin
ihminen maailmassa.

Aurinko,
kuu,
metsä,
rakkaus

tapaavat toisensa minussa,
tuntuvat niin läheisiltä,

tekevät minut onnelliseksi.

Voin tuntea ne
kuin sinun lämpimät söpöt varpaasi.

Elämä on lahjonut minua

uskomattomilla tunteilla.

Unfassbare Gefühle

Ich,
ich bin der glücklichste Mensch
auf dieser Welt.

Sonne,
Mond,
Wald,
Liebe

begegnen sich in mir,
fühlen sich so nah an,

beglücken mich.

Ich kann sie spüren,
wie deine süßen warmen Zehen.

Das Leben hat mich beschenkt

mit unfassbaren Gefühlen.

Unohda

Menneisyys täynnä muistoja
aikojen menneiden.

Älä etsi niitä,
älä kylve eilisessä.

Käytä tulevaisuuden siltaa
oman itsesi onneen.

Huomenna.

Vergiss

Vergangenheit voller Erinnerungen
aus anderen Zeiten.

Suche sie nicht,
bade nicht im Gestern.

Nutze die Brücke der Zukunft,
ins Glück deiner selbst.

Morgen.

Rakkauden tiet

Rakkauden tiet,
elämän risteykset,
välillä
niin ymmärtämättömiä ja kivuliaita,
kuin vain ei edes uskoisi kestävänsä.

Ja kuitenkin,
siellä jo missä luulit, että
tuska on suurimmillaan,
siellä alkoi toivo.

Lievittäen.

Wege der Liebe

Die Wege der Liebe,
Kreuzungen des Lebens,
manchmal
so unverständlich und schmerzvoll
wie man es
nicht zu ertragen glaubt.

Und doch,
bevor noch
der Schmerz am größten,
begann die Hoffnung.

Lindernd.

Tiesi on määrätty

Lasinen palatsi,
aika miljoonissa.

Kohtalo
valuu väistämättömästi.

Pidättelemättä.

Aikani on nyt.
Vain yhden kerran
mahdollisuus rikkoa tulevaisuus?

Sieluni pienimmissäkin sopukoissa
ikuinen kinastelu,
päämäärättömistä teistä.

Epäilys tulee jäämään,
kysymysmerkit eivät väisty.

Ole maltillinen,
tiesi on kirjoitettu,
määrätty.

Onnesi tulee johdattamaan sinua,
sanoitta ja hiljaa.

Kohtaloaan ei voi väistää.

Ole maltillinen.

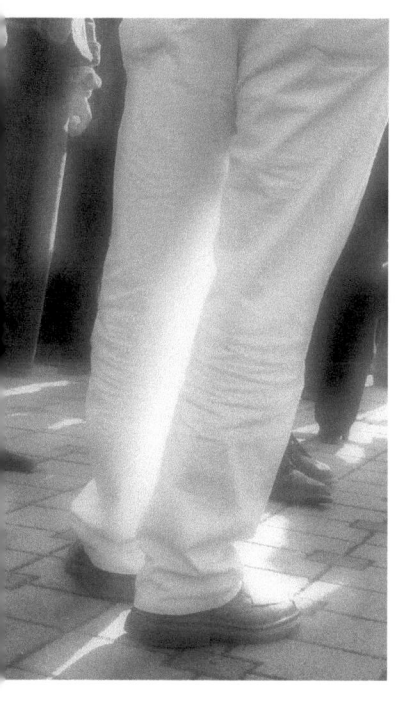

Wege sind beschrieben

Ein gläserner Palast
in Millionen Teilen der Zeit.

Das Schicksal
briselt unausweichlich.

Unaufhaltsam.

Meine Zeit ist jetzt.
Nur das eine Mal die Möglichkeit
die Zukunft zu brechen?

In den kleinsten Nischen meiner Seele
ewiger Streit
um den Weg der Ziellosen.

Zweifel wird bleiben,
Fragezeichen weichen nicht.

Sei geduldig,
deine Wege sind beschrieben,
bestimmt.

Das Glück wird dich führen,
wortlos und still.

Dem Schicksal ist kein Entfliehen.

Hab Geduld.

Kun ikävöin sinua

Kun syleilen sinua,
olen kuin kukkanen,
kaunein auringonpaiste,
maailman lämpimin planeetta.

Sinä olet taikonut minut
loputtomalla,
rajattomalla
hellyydelläsi.

Kyynelten joet virtaavat poskillani
kun kaipaan sinua.
Ikävä läheisyyttä,
käsittämätön kaipaus
rakastua sinuun taas,
tuhannennen kerran,

kun ikävöin sinua.

Wenn du mir fehlst

Wenn ich dich in meinen Armen halte,
bin ich eine Blume,
der schönste Sonnenschein,
der wärmste Planet des Universums.

Du hast mich verzaubert
mit der unendlichen, unbegrenzten
Zärtlichkeit deines Wesens.

Bäche fließen über meine Wangen,
wenn ich dich vermisse.
Sehnsucht nach Nähe,
unfassbares Vermissen,
mich in dich zum
tausendsten Mal wieder
zu verlieben,

wenn du mir fehlst.

Talven merkki

Tuuli on puhunut,
se puree kasvoissani,
punaiset ovat poskeni.

Olen niin iloinen.

Tämä on merkki;
nyt täytyy olla talvi.

Winter Zeichen

Wind hat gesprochen,
er kneift in mein Gesicht,
rot sind die Wangen.

Ich freue mich so sehr.

Das ist ein Zeichen;
es muss Winter sein.

Pilvi

Juokse pilvi,
juokse.

Kiirehdi.
Ota kiinni tuulesta,
täytä sillä purjeesi,
toisten kanssa pakene.

Taivas on loputon,
niin paljon lupaava on
rajattomuutesi.

Kuinka pieni olenkaan
sinuun verrattuna.

Wolke

Lauf Wolke,
lauf.

Beeile dich.
Nimm den Wind,
fülle deine Segel,
mit anderen fliehe.

Der Himmel ist endlos,
so erwartungsvoll seine Weite.

Was bin ich klein
in deinem Raum.

Zu Hause

Mein Lieblingsbaum ist die Birke.
Seine hellen, freundlichen
Äste kommen mir vor
wie die Arme meiner Mutter.

Der Duft ihrer grünen,
wundervollen Blätter
weckt liebevollen
Wunsch sie zu streicheln.

Sie werden immer eine helle Freude
der Erinnerung sein
an zu Hause.

Kotona

Rakkain puuni on koivu.
Sen valoisat,ystävälliset
oksat muistuttavat
minua äitini syleilystä.

Sen vihreiden,
ihanien lehtien tuoksu
herättää hellän
toiveen silittää niitä.

Ne tulevat aina olemaan
valoisa, iloinen muisto
kotimaastani.